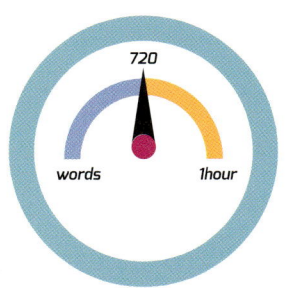

SPEED
VOCA 720

SPEED VOCA 720

지은이   와포어휘학습연구소
디자인   파인트그라픽스
제작   (주)피앤엠123
펴낸이   임승배
펴낸곳   맥스에듀

초판 1쇄 인쇄 2013년 9월 11일
초판 1쇄 발행 2013년 9월 13일

출판신고 2010년 9월 1일
등록번호 제410-2010-000119호

경기도 고양시 일산서구 법곶동 1195
TEL (031)946-3196 FAX (031)946-3171

스피킹 자신감 와포 www.wapo.kr

이 도서의 국립중앙도서관 출판시도서목록(CIP)은 서지정보유통지원시스템 홈페이지(http://seoji.nl.go.kr)와
국가자료공동목록시스템(http://www.nl.go.kr/kolisnet)에서 이용하실 수 있습니다. (CIP제어번호: CIP2013015161)

1시간이면 720개 단어를 암기할 수 있다!

"영어 단어는 어떻게 외워요?"라는 질문을 많이 받습니다.
단어를 무턱대고 외운다면 그 효과는 분명 떨어집니다.
100개 단어도 많은데 33,000단어가 있는 책을 과연 모두 외울 수 있을까요?
만약 '도전해 봐야지!'라는 생각을 하고 있다면 바로 버리세요.
우선 1시간만 이 책에 먼저 투자해 보세요!

아는 단어인데도 생각 안 나실 때가 많으시죠?
그럼 그 단어는 모르는 단어가 맞습니다.
SPEED VOCA 720은 1분에 12개, 총 1시간이면 720개 단어에 대해
영어 단어를 보는 즉시 그 뜻이 생각나게 하고
또 한글 뜻을 보면 바로 영어 단어가 생각나게 하는 연상 암기 효과로
놓치는 단어 없이 완벽하게 학습할 수 있습니다.

SPEED VOCA 720은 초급, 중급, 토익 및 일본어, 중국어까지
다양하게 출간을 준비하고 있습니다.
각 권별 1시간 720개 어휘를 완벽하게 정복할 수 있다면
1시간은 분명 투자해 볼 가치가 있다고 자신합니다.

더불어 본 책에 나오지 않는 단어에 대해서도 총 10단계의 난이도에 따라
학습할 수 있도록 온라인 및 모바일 학습을 제공하고 있으며,
원어민의 단어 음성을 랜덤 재생하면서 그 학습 효과에 대해 200%
만족할 수 있다고 확신합니다.

2013년 9월 와포어휘학습연구소

SPEED VOCA 학습방법!

How to use this book

Step 1

30초에 12개의 단어를 빠르게 봅니다.

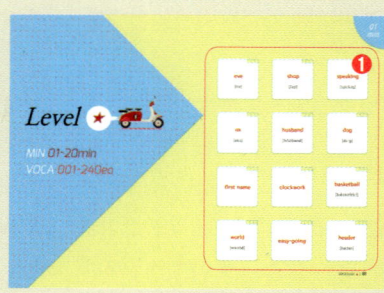

Step 2

만약 모르는 단어가 나왔을 경우
다음 페이지로 넘겨
해당 뜻을 바로 확인하세요.

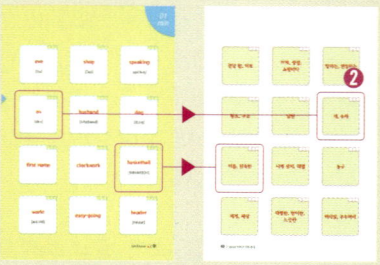

Step 3

남은 30초 동안
한글 뜻이 있는 페이지만 보고
거꾸로 영어 단어를 생각합니다.

Step 4

영어 단어가 생각나지 않을 경우
앞 페이지에서 재 확인 합니다.

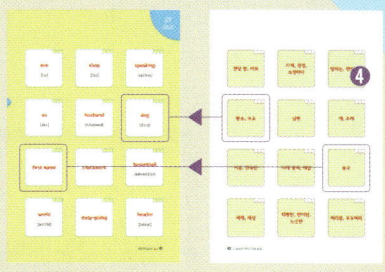

Step 5

10분간 학습이 완료되면
120개 단어에 대해
알파벳 순으로 재 점검을 합니다.

Step 6

1시간 학습이 완료되면
총 720개 단어에 대해
알파벳 순으로 마무리 점검을 합니다.

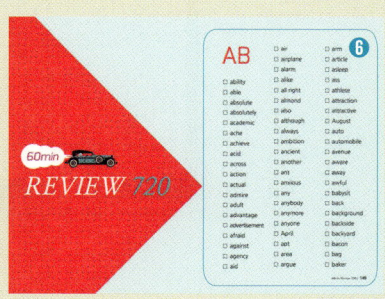

와글포스트 SPEED VOCA 온라인 및 모바일 학습방법!

How to use Online & Mobile Learning Program

Step 1

스피킹 자신감 와포 사이트(www.wapo.kr)의 스피드 보카 메뉴 클릭

Step 2

총 10단계 중 자신에게 적합한 레벨 선택

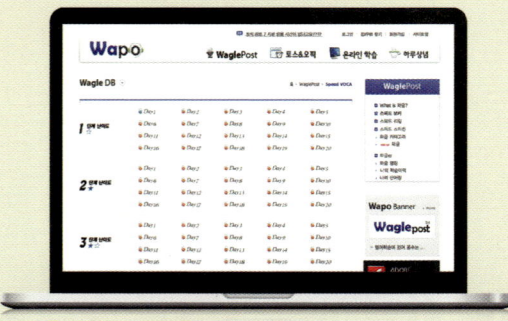

Mobile
QR-Code 이용

Step 3

단 3초 또는 5초만에 단어가 빠뀌는 초스피드 어휘 반복학습 진행

Step 4

자신의 실력을 점검하면서 다른 학습자와의 커뮤니티 형성

주의! 본 어휘 학습은 중독성이 있으니 건강에 유의하시기 바랍니다. ^^

목차

Contents

D-60minutes!

41 분	492 개	103p		51 분	612 개	125p
42 분	504 개	105p		52 분	624 개	127p
43 분	516 개	107p		53 분	636 개	129p
44 분	528 개	109p		54 분	648 개	131p
45 분	540 개	121p		55 분	660 개	133p
46 분	552 개	123p		56 분	672 개	135p
47 분	564 개	125p		57 분	684 개	137p
48 분	576 개	127p		58 분	696 개	139p
49 분	588 개	129p		59 분	708 개	141p
50 분	600 개	131p		60 분	720 개	143p
10min Review		120		10min Review		120

Level ★★★

MIN 41~60min

VOCA 481~720ea

60min Review 720

148 p

Level

MIN 01~20min
VOCA 001~240ea

koala

[kouάːlə]

driving

[dráiviŋ]

far

[faːr]

out

[aut]

August

[ɔ́ːgəst]

napkin

[nǽpkin]

first

[fəːrst]

tiger

[táigər]

rather

[rǽðər]

someone

[sʌ́mwʌn, –wən]

October

[aktóubər]

seesaw

[síːsɔ̀ː]

멀리, 훨씬	운전	코알라
냅킨, 휴지	8월	밖으로, 밖에, 나가다
오히려, 다소	호랑이	첫째, 처음의, 최고의
시소	10월	누군가

eve

[iːv]

shop

[ʃap]

speaking

[spíːkiŋ]

ox

[aks]

husband

[hʌzbənd]

dog

[dɔːg]

first name

clockwork

basketball

[bǽskitbɔ̀ːl]

world

[wəːrld]

easy-going

header

[hédər]

말하는, 연설하는

가게, 상점,
쇼핑하다

전날 밤, 이브

개, 수캐

남편

황소, 수소

농구

시계 장치, 태엽

이름, 친숙한

머리말, 우두머리

태평한, 안이한,
느긋한

세계, 세상

neuron

[njúərən]

tobacco

[təbǽkou]

good-night

babysit

maybe

[méibiː]

hairstyle

[héərstàil]

Bible

[báibl]

now

[nau]

cocoa

[kóukou]

stoplight

[stɑ́plàit]

anyone

[éniwʌn]

January

[dʒǽnjuèri]

잘 자

담배, 흡연

신경 단위, 뉴런

머리 모양,
헤어스타일

어쩌면, 아마도

아이를 돌보다

코코아

지금, 방금, 그러면

성서, 성경

1월

누구도, 누군가

정지 신호(등)

Christ [kraist]	**lobster** [lɑ́bstər]	**skyline** [skáilàin]
hotline	**sportsman** [-mən]	**bee** [biː]
tuna [tjúːnə]	**bravo** [brɑ́ːvou]	**twice** [twais]
May [mei]	**duke** [djuːk]	**bunny** [bʌni]

지평선,
윤곽을 하늘에
그려내다

바닷가재

그리스도

벌

운동선수

긴급 직통전화

2회, 두 배

잘한다, 좋아

참치, 다랑어

토끼, 귀여운 여자
아이

공작, 주먹,
때려 눕히다

5월

mermaid

[mə́:rmèid]

north

[nɔ:rθ]

yacht

[jat]

jab

[dʒæb]

November

[nouvémbər]

motherland

tank

[tæŋk]

horse

[hɔ:rs]

kiss

[kis]

everyone

[évriwʌn, -wən]

lucky

[lʌ́ki]

house

[haus]

<u>요트</u>	북쪽, 북쪽의	인어, 여자 수영 선수
모국, 조국	11월	(주먹 등으로) 찌르다
입맞춤, 키스하다	말	탱크, 전차, 통, 저장하다
집, 가옥, 주택	행운의, 운좋은	모두 다, 누구나

onion

[ʌ́njən]

bonfire

[bɑ́nfàiər]

troublemaker

[trʌ́blmèikər]

warship

[wɔ́ːrʃip]

April

[éiprəl]

hour

[auər]

other

[ʌ́ðər]

gas

[gǽs]

airplane

sedan

[sidǽn]

stump

[stʌmp]

washer

[wɑ́ʃər, wɔ́ːʃ–]

말썽꾸러기,
문제아

모닥불, 횃불

양파

한 시간

4월

군함, 전함

비행기

가스, 기체,
휘발유

다른

세척기

그루터기,
괴롭히다

승용차

joker	thing	elf
[dʒóukər]	[θiŋ]	[elf]

sex	such	could
[seks]	[sətʃ:]	[kəd]

pup	girl	else
[pʌp]	[gə:rl]	[els]

snuff	sofa	would
[snʌf]	[sóufə]	[wəd]

꼬마 요정	것, 일, 물건, 물체	농담꾼, 익살꾼
~ 할 수 있었다	그러한, 그런	성, 성별, 성교
그 밖에	소녀, 여학생	강아지, 새끼 바다표범
~할 것이다, ~하려고 하다	긴 의자, 소파	코로 킁킁 거리다

grammar

[grǽmər]

since

[sins]

skate

[skeit]

jelly

[dʒéli]

butter

[bʌ́tər]

swollen

basic

[béisik]

boxer

[bάksər]

queen

[kwiːn]

boiler

[bɔ́ilər]

Christmas

[krísməs]

classmate

스케이트, 스케이트를 타다	~ 이후로, ~ 때부터	문법
부은, 팽창한	버터, 아부를 하다	젤리
여왕	권투 선수	기본적인, 기초적인, 근본적인
반 친구	크리스마스, 성탄절	보일러

camera [kǽmərə]	**mixer** [míksər]	**hen** [hen]
matching [mǽtʃiŋ]	**love** [lʌv]	**earache**
tile [tail]	**sports** [spɔːrts]	**September** [septémbər]
anymore [ènimɔ́ːr]	**pigeon** [pídʒən]	**cider** [sáidər]

암탉	혼합기, 믹서	카메라
귀앓이	사랑, 사랑하다	어울리는
9월	운동, 운동의	타일, 기와, 바닥재
사과즙	비둘기	이제는, 더 이상

stamp

[stæmp]

lip

[lip]

ass

[æs]

tent

[tent]

July

[dʒuːlái]

caramel

[kǽrəməl, -mèl]

egg

[eg]

volleyball

[válibɔ̀ːl]

woman

[wúmən]

bracelet

[bréislit]

watchdog

snowman

[-mæn]

엉덩이, 걷어 차다	입술, 말뿐인	스탬프, 도장
캐러멜	7월	천막, 텐트
여자, 여성	배구	알, 달걀
눈사람	감시인	팔찌, 수갑

- ☐ airplane
- ☐ anymore
- ☐ anyone
- ☐ April
- ☐ ass
- ☐ August
- ☐ babysit
- ☐ basics
- ☐ basketball
- ☐ bee
- ☐ Bible
- ☐ boiler
- ☐ bonfire
- ☐ boxer
- ☐ bracelet
- ☐ bravo
- ☐ bunny
- ☐ butter
- ☐ camera
- ☐ caramel

- ☐ Christ
- ☐ Christmas
- ☐ cider
- ☐ classmate
- ☐ clockwork
- ☐ cocoa
- ☐ could
- ☐ dog
- ☐ driving
- ☐ duke
- ☐ earache
- ☐ easygoing
- ☐ egg
- ☐ elf
- ☐ else
- ☐ eve
- ☐ everyone
- ☐ far
- ☐ first
- ☐ first name

- ☐ gas
- ☐ girl
- ☐ good-night
- ☐ grammar
- ☐ hairstyle
- ☐ header
- ☐ hen
- ☐ horse
- ☐ hotline
- ☐ hour
- ☐ house
- ☐ husband
- ☐ jab
- ☐ January
- ☐ jelly
- ☐ joker
- ☐ July
- ☐ kiss
- ☐ koala
- ☐ lip

- ☐ lobster
- ☐ love
- ☐ lucky
- ☐ matching
- ☐ May
- ☐ maybe
- ☐ mermaid
- ☐ mixer
- ☐ motherland
- ☐ napkin
- ☐ neuron
- ☐ north
- ☐ November
- ☐ now
- ☐ October
- ☐ onion
- ☐ other
- ☐ out
- ☐ ox
- ☐ pigeon

- ☐ pup
- ☐ queen
- ☐ rather
- ☐ sedan
- ☐ seesaw
- ☐ September
- ☐ sex
- ☐ shop
- ☐ since
- ☐ skate
- ☐ skyline
- ☐ snowman
- ☐ snuff
- ☐ sofa
- ☐ someone
- ☐ speaking
- ☐ sports
- ☐ sportsman
- ☐ stamp
- ☐ stoplight

- ☐ stump
- ☐ such
- ☐ swollen
- ☐ tank
- ☐ tent
- ☐ thing
- ☐ tiger
- ☐ tile
- ☐ tobacco
- ☐ troublemaker
- ☐ tuna
- ☐ twice
- ☐ volleyball
- ☐ warship
- ☐ washer
- ☐ watchdog
- ☐ woman
- ☐ world
- ☐ would
- ☐ yacht

farming
[fάːrmiŋ]

sledge
[sledʒ]

any
[əni]

cobra
[kóubrə]

March
[maːrtʃ]

snowball

high
[hai]

UN

wine
[wain]

all right

June
[dʒuːn]

bag
[bæg]

누군가의, 어떤	썰매	농업, 농업의
눈뭉치	3월	코브라
포도주, 와인	국제연합, 유엔	높은, 높이
가방, 자루	6월	좋아, 알았어

cafe [kæféi]	**banana** [bənǽnə]	**lemon** [lémən]
ball [bɔːl]	**squid** [skwid]	**brother** [brʌðər]
cuckoo [kúːkuː]	**truck** [trʌk]	**waltz** [wɔːlts]
bird [bəːrd]	**yolk** [jouk]	**which** [hwitʃ]

레몬	바나나	간이 식당
형제, 아우, 형, 남동생	오징어	공, 구(球)
왈츠	트럭, 화물차	뻐꾸기
어떤, 어느 쪽	노른자위	새

backside

strawberry

[strɔ́:bèri]

panther

[pǽnθər]

helicopter

[hélikàptər]

showroom

cleanup

desk

[desk]

eating

[íːtiŋ]

comic

[kɑ́mik]

bacon

[béikən]

myself

[maisélf]

cricket

[kríkit]

퓨마, 난폭한

딸기

뒷면

대청소, 떼돈벌기

전시실

헬리콥터

희극의, 우스운

먹는, 잠식하는

책상

귀뚜라미, 크리켓

나 자신

베이컨

south

[sauθ]

auto

[ɔ́ːtou]

fork

[fɔːrk]

soccer

[sɑ́kər]

bike

[baik]

first aid

air

[ɛər]

medal

[médl]

almond

[ɑ́ːmənd]

few

[fjuː]

walker

[wɔ́ːkər]

giraffe

[dʒəræf]

포크, 갈래지다

자동차, 자동의

남쪽, 남부의

응급처치,
구급요법

자전거, 오토바이

축구

아몬드

메달, 상패

공기, 대기

기린

보행자

소수의, 거의 없는

also [ɔ́ːlsou]	**potato** [pətéitou]	**tiptoe** [típtòu]
hanging [hǽŋiŋ]	**pasta** [pɑ́ːstə]	**toolbox**
yoga [jóugə]	**never** [névər]	**pee** [piː]
hippo [hípou]	**handbag** [hǽndbæg]	**kite** [kait]

발끝, 발끝으로 서다	감자	또한, 역시
연장통, 공구 상자	파스타	걸린, 매달기, 교수형
오줌, 오줌 누다	결코 ~하지 않다	요가
(날리는) 연	손가방, 핸드백	하마

December
[disémbər]

winter
[wíntər]

noon
[nuːn]

piano
[piǽnou]

Buddha
[búːdə]

pod
[pad]

lad
[læd]

data
[déitə, dǽtə, dάːtə]

half
[hæf]

west
[west]

hat
[hæt]

ion
[áiən]

정오	겨울	12월
콩깍지, 꼬투리	부처님	피아노
절반, 절반의	자료, 데이터	젊은이, 청년
이온	모자, 중절모	서쪽, 서쪽의

second [sékənd]	**best** [best]	**very** [véri]
skunk [skʌŋk]	**chicken** [tʃíkən]	**moon** [muːn]
booking [búkiŋ]	**tire** [taiər]	**class** [klæs]
downhill	**mink** [miŋk]	**week** [wiːk]

매우, 대단히

최고의, 최선의

둘째, 2등의

달

병아리, 닭고기, 겁쟁이

스컹크

학급, 계급

싫증나게 하다, 바퀴

예약

주, 주간

밍크, 모피

내리막길

chilli

[tʃíli]

pizza

[píːtsə]

biker

[báikər]

meow

[miáu]

gentleman

[dʒéntlmən]

coating

[kóutiŋ]

good natured

camp

[kæmp]

shampoo

[ʃæmpúː]

rucksack

[rʌ́ksæk, rúk–]

girlfriend

leg

[leg]

오토바이
타는 사람

피자

고추

칠하기, 입힘

신사

야옹

머리를 감다

야영지

착한, 친절한

다리

여자 친구

배낭

dryer
[dráiər]

doughnut
[dóunət]

bell
[bel]

kangaroo
[kæŋgərú:]

madam
[mǽdəm]

eyeglass

bed
[bed]

picket
[píkit]

hurdle
[hə́:rdl]

time
[taim]

motor
[móutər]

today
[tədéi]

종, 벨

도넛

건조기

안경

마님, ~부인

캥거루

장애물,
극복하다

말뚝, 감시원

침대

오늘, 요즘

모터, 발동기,
자동차

때, 시간

recorder

[rikɔ́ːrdər]

cheese

[tʃiːz]

third

[θəːrd]

helper

[hélpər]

wallpaper

reflex

[ríːfleks]

doll

[dal]

ink

[iŋk]

ant

[ænt]

hill

[hil]

coyote

[kaióuti]

February

[fébruèri, fébju–]

셋째, 세 번째의

치즈, 토하다

기록자, 녹음기

반사, 반사된

벽지

도우미

개미

잉크, 서명하다

인형

2월

코요테, 악당

언덕

☐ air	☐ Buddha	☐ dryer
☐ all right	☐ cafe	☐ eating
☐ almond	☐ camp	☐ eyeglasses
☐ also	☐ cheese	☐ farming
☐ ant	☐ chicken	☐ February
☐ any	☐ chilli	☐ few
☐ auto	☐ class	☐ first aid
☐ backside	☐ clean-up	☐ fork
☐ bacon	☐ coating	☐ gentleman
☐ bag	☐ cobra	☐ giraffe
☐ ball	☐ comic	☐ girlfriend
☐ banana	☐ coyote	☐ good-natured
☐ bed	☐ cricket	☐ half
☐ bell	☐ cuckoo	☐ handbag
☐ best	☐ data	☐ hanging
☐ bike	☐ December	☐ hat
☐ biker	☐ desk	☐ helicopter
☐ bird	☐ doll	☐ helper
☐ booking	☐ doughnut	☐ high
☐ brother	☐ downhill	☐ hill

- ☐ hippo
- ☐ hurdle
- ☐ ink
- ☐ ion
- ☐ June
- ☐ kangaroo
- ☐ kite
- ☐ lad
- ☐ leg
- ☐ lemon
- ☐ madam
- ☐ March
- ☐ medal
- ☐ meow
- ☐ mink
- ☐ moon
- ☐ motor
- ☐ myself
- ☐ never
- ☐ noon

- ☐ panther
- ☐ pasta
- ☐ pee
- ☐ piano
- ☐ picket
- ☐ pizza
- ☐ pod
- ☐ potato
- ☐ recorder
- ☐ reflex
- ☐ rucksack
- ☐ second
- ☐ shampoo
- ☐ showroom
- ☐ skunk
- ☐ sledge
- ☐ snowball
- ☐ soccer
- ☐ south
- ☐ squid

- ☐ strawberry
- ☐ third
- ☐ time
- ☐ tiptoe
- ☐ tire
- ☐ today
- ☐ toolbox
- ☐ truck
- ☐ UN
- ☐ very
- ☐ walker
- ☐ wallpaper
- ☐ waltz
- ☐ week
- ☐ west
- ☐ which
- ☐ wine
- ☐ winter
- ☐ yoga
- ☐ yolk

Let's move on to 241!

Level ★★

MIN 21~40min
VOCA 241~480ea

way	tortoise	bat
[wei]	[tɔ́ːrtəs]	[bæt]

majority	powerful	fortnight
[mədʒɔ́ːrəti]	[páuərfəl]	[fɔ́ːrtnàit]

unit	excite	button
[júːnit]	[iksáit]	[bʌ́tən]

upward	medium	driver
[ʌ́pwərd]	[míːdiəm]	[dráivər]

야구방망이, 치다, 박쥐	거북, 아주 느린 사람	길, 방법, 방향
2주일간	강력한, 힘센	대다수, 대부분
단추, 버튼	흥분시키다, 자극하다	단위, 단원, 장치
운전사	중간, 매체수단	위쪽으로, 증가하는

cotton [kɑ́tn]	**during** [djúəriŋ]	**church** [tʃə:rtʃ]
brow [brau]	**election** [ilékʃən]	**satisfactory** [sætisfǽktəri]
conclude [kənklú:d]	**some** [səm]	**fall** [fɔ:l]
top [tap]	**fog** [fɔ:g]	**doubtful** [dáutfəl]

교회, 성당	~ 동안에	면, 솜, 목화
만족스러운	선거, 당선, 투표	이마, 눈썹
떨어지다, 가을, 폭포	약간의, 어떤, 약간	끝내다, 결론짓다
의심 나는, 회의적인	안개, 흐릿해지다	정상, 꼭대기

paint

[peint]

tube

[tju:b]

fairly

[féərli]

stove

[stouv]

giant

[dʒáiənt]

poor

[puər]

lecture

[léktʃər]

farm

[fa:rm]

publication

[pʌbləkéiʃən]

barber

[bɑ́:rbər]

rise

[raiz]

usually

[jú:ʒuəli, -ʒwəli]

공평하게, 꽤

관, 튜브,
빨대, 터널

그리다, 색칠하다,
페인트

가난한, 불쌍한, 부
족한

거인, 거대한

난로, 버너, 화로

발표, 출판

농장, 경작하다

강의, 강의하다

보통, 일반적으로

일어서다,
떠오르다

이발사

energy
[énərdʒi]

roll
[roul]

real
[ríːəl]

absolute
[ǽbsəlùːt, –′––′]

cousin
[kʌ́zn]

request
[rikwést]

try
[trai]

wizard
[wízərd]

nail
[neil]

fly
[flai]

hero
[híərou]

harmful
[hάːrmfəl]

진실의, 실제의	구르다, 말아올리다	정력, 활기, 에너지
요구, 요청하다	사촌, 조카	절대적인
손톱, 못	마법사	시도하다, 노력하다
해로운	영웅, 주인공	날다, 비행하다, 파리

decide [disáid]	**province** [prάvins]	**area** [éəriə]
goose [guːs]	**downstairs** [dáunstéərz]	**maid** [meid]
tradition [trədíʃən]	**examination** [igzæmənéiʃən]	**please** [pliːz]
back [bæk]	**action** [ǽkʃən]	**great** [greit]

지역, 분야, 면적	지방, 범위	결심하다, 결정하다
하녀, 가정부	아래층의, 아래층으로	거위, 기러기, 바보
부디, 제발	시험, 조사	전통, 관습
위대한, 큰, 훌륭한	행동, 활동, 소송	등, 뒤, 돌아가다, 후퇴하다

dress	promotion	highway
[dres]	[prəmóuʃən]	[háiwèi]

suggestion	lab	once
[səgdʒéstʃən]	[læb]	[wʌns]

automobile	root	shiny
[ɔ̀:təməbí:l]	[ru:t]	[ʃáini]

soup	equip	recently
[su:p]	[ikwíp]	[rí:sntli]

큰길, 간선도로	승진, 장려	옷, 옷을 입히다
한 번, 이전에, 일단 ~하면	노동, 노동자, 실험, 연구실	제안, 암시
빛나는, 햇빛이 쬐는	뿌리, 근원	자동차, 자동차의, 자동(추진)의
최근, 얼마전	갖추어 주다, 설비하다	수프, 죽

screw [skruː]	**combine** [kəmbáin]	**congratulation** [kəngrætʃuléiʃən]
underground	**home** [houm]	**belong** [bilɔ́ːŋ, -lάŋ]
wise [waiz]	**corner** [kɔ́ːrnər]	**suburb** [sʌ́bəːrb]
baker [béikər]	**another** [ənʌ́ðər]	**pat** [pæt]

축하하다	결합시키다, 통합하다	나사
속하다, 소유하다	가정, 고향	지하의, 비밀의
교외, 근교	구석, 모퉁이, 궁지	현명한, 슬기로운
가볍게 두드리다, 토닥거리다	다른 하나의	빵 굽는 사람, 제빵사

fireman [fáiərmən]	**wave** [weiv]	**backyard**
mankind	**package** [pǽkidʒ]	**hut** [hʌt]
honey [hʌni]	**handkerchief** [hǽŋkərtʃif]	**rich** [ritʃ]
restaurant [réstərənt]	**commander** [kəmǽndər]	**living** [líviŋ]

뒤뜰, 세력 범위	파도, 흔들다, 유행	소방관
오두막	짐, 꾸러미, 포장하다	인류, 인간
부유한, 풍부한	손수건	벌꿀, 여보
살아 있는, 생활	지휘관, 사령관	식당, 음식점

put
[put]

bookstore

chopstick

beggar
[bégər]

often
[ɔ́:fən]

joke
[dʒouk]

hesitant
[hézətənt]

bench
[bentʃ]

owner
[óunər]

shoulder
[ʃóuldər]

unusual

date
[deit]

젓가락	서점, 책방	두다, 놓다
농담, 장난치다	종종, 자주	거지, 가난뱅이
소유자, 주인	긴 의자, 벤치	머뭇거리는, 주저하는
날짜, 날짜를 기입하다	유별난, 일반적이지 않은	어깨, 책임을 지다, 갓길

pillow [pílou]	**picnic** [píknik]	**mud** [mʌd]
beef [biːf]	**manager** [mǽnidʒər]	**mat** [mæt]
supporter [səpɔ́ːrtər]	**fun** [fʌn]	**coat** [kout]
low [lou]	**sticky** [stíki]	**each** [iːtʃ]

진흙	소풍, 소풍가다	베개, 방석
돗자리, 멍석	지배인, 관리자	쇠고기
외피, 가죽, 도금	재미, 장난	지지자, 후원자
각각의	끈적한, 들러붙는	낮은, 최저의, 떨어지는

☐ absolute	☐ combine	☐ fairly
☐ action	☐ commander	☐ fall
☐ another	☐ conclude	☐ farm
☐ area	☐ congratulation	☐ fireman
☐ automobile	☐ corner	☐ fly
☐ back	☐ cotton	☐ fog
☐ backyard	☐ cousin	☐ fortnight
☐ baker	☐ date	☐ fun
☐ barber	☐ decide	☐ giant
☐ bat	☐ doubtful	☐ goose
☐ beef	☐ downstairs	☐ great
☐ beggar	☐ dress	☐ handkerchief
☐ belong	☐ driver	☐ harmful
☐ bench	☐ during	☐ hero
☐ bookstore	☐ each	☐ hesitant
☐ brow	☐ election	☐ highway
☐ button	☐ energy	☐ home
☐ chopstick	☐ equip	☐ honey
☐ church	☐ examination	☐ hut
☐ coat	☐ excite	☐ joke

☐ lab	☐ please	☐ soup
☐ lecture	☐ poor	☐ sticky
☐ living	☐ powerful	☐ stove
☐ low	☐ promotion	☐ suburb
☐ maid	☐ province	☐ suggestion
☐ majority	☐ publication	☐ supporter
☐ manager	☐ put	☐ top
☐ mankind	☐ real	☐ tortoise
☐ mat	☐ recently	☐ tradition
☐ medium	☐ request	☐ try
☐ mud	☐ restaurant	☐ tube
☐ nail	☐ rich	☐ underground
☐ often	☐ rise	☐ unit
☐ once	☐ roll	☐ unusual
☐ owner	☐ root	☐ upward
☐ package	☐ satisfactory	☐ usually
☐ paint	☐ screw	☐ wave
☐ pat	☐ shiny	☐ way
☐ picnic	☐ shoulder	☐ wise
☐ pillow	☐ some	☐ wizard

produce

[prədjúːs | ‑djúːs]

greenhouse

[gríːnhàus]

sack

[sæk]

natural

[nætʃərəl]

anybody

[énibàdi, ‑bʌdi]

able

[éibl]

snowstorm

[snóustɔ̀ːrm]

battery

[bǽtəri]

certainly

[sə́ːrtnli]

ache

[eik]

conductor

[kəndʌ́ktər, ‑tris]

comprehension

[kàmprihénʃən]

봉지, 자루, 해고	온실	생산하다, ~을 낳다
~할 수 있는, 능력 있는	누군가, 누구든	자연의, 자연스러운, 당연한
틀림없이, 확실히	건전지	눈보라, 폭설
이해, 이해력	안내자, 지휘자	아프다, 통증

tall

[tɔːl]

alarm

[əlάːrm]

pay

[pei]

cube

[kjuːb]

wild

[waild]

beyond

[biάnd, bijάnd]

poem

[póuəm]

sure

[ʃuər]

dive

[daiv]

cream

[kriːm]

pollute

[pəlúːt]

pond

[pand]

지불하다,
갚다, 보수

경보, 놀라게 하다

키가 큰

~을 넘어서

야생의, 거친

정육면체, 각설탕

뛰어들다,
잠수하다

확실한, 확실히,
물론

시

연못, 우물, 늪

오염시키다,
분위기를 흐리다

크림

dirt	actual	cabbage
[dəːrt]	[ǽktʃuəl]	[kǽbidʒ]

beautiful	chiefly	funny
[bjúːtəfəl]	[tʃíːfli]	[fʌ́ni]

dependent	chemist	succeed
[dipéndənt]	[kémist]	[səksíːd]

pole	cheek	chin
[poul]	[tʃiːk]	[tʃin]

양배추	실제의, 사실의	먼지, 흠, 소문
우스운, 재미있는	주로, 우두머리의	아름다운, 예쁜, 화창한
성공하다, 계속되다	화학자, 약사	의존하는, 부양 가족
턱, 턱끝	뺨, 볼	막대기, 기둥

everywhere

impression

[impréʃən]

introduction

[ìntrədʌkʃən]

sketch

[sketʃ]

task

[tæsk]

advertisement

[ædvərtáizmənt]

group

[gru:p]

wall

[wɔ:l]

[dæns]

[dæns]

full

[ful]

arm

[a:rm]

choice

[tʃɔis]

도입, 소개, 서문	인상, 감명	어디에나, 어디나
광고	일, 과제, 업무	밑그림, 묘사하다
춤추다, 춤	벽, 담	집단, 무리, 단체
선택, 결정	팔, 무기, 무장하다	가득한, 충분한

attraction

[ətrǽkʃən]

soap

[soup]

postcard

so called

camping

[kǽmpiŋ]

engine

[éndʒin]

turkey

[tə́ːrki]

hole

[houl]

craze

[kreiz]

fan

[fæn]

midnight

background

우편 엽서	비누, 연속극	명소, 매력
엔진, 기계, 동력	캠프 생활, 야영	이른 바, 소위
미치게 하다, 열광	구멍, 동굴, 허점	칠면조
배경, 경력	한밤중, 자정	부채, 선풍기, 좋아하는

wing
[wiŋ]

chairman
[-mən]

candle
[kǽndl]

iron
[áiərn]

railroad

finger
[fíŋgər]

meeting
[míːtiŋ]

visit
[vízit]

hall
[hɔːl]

ring
[riŋ]

side
[said]

prayer
[prɛər]

양초	의장, 회장	날개, 진영, 지느러미
손가락, 지적하다	철도	철, 다림질하다
홀, 현관	방문하다, 체류하다	만남, 회의
기도, 기원, 기도하는 사람	측면, 옆	고리, 반지, 울리다

effective	soft	rest
[iféktiv]	[sɔːft]	[rest]

invention	better	intelligent
[invénʃən]	[bétər]	[intélədʒənt]

thrust	always	sudden
[θrʌst]	[ɔ́ːlweiz, –wiːz]	[sʌdn]

cow	just	pair
[kau]	[dʒʌst]	[pɛər]

나머지, 휴식, 휴식하다	부드러운, 온화한, 가벼운	효과적인
지적인, 총명한	보다 좋은, 더 나은	발명, 창작, 고안
갑작스러운, 불시의	늘, 항상	내밀다, 추진하다
한 쌍, 짝지어주다	꼭, 방금, 단지, 그저	소, 암소, 젖소

protection [prətékʃən]	**gift** [gift]	**away** [əwéi]
both [bouθ]	**scientist** [sáiəntist]	**watchful** [wɑ́tʃfəl]
evening [íːvniŋ]	**sailor** [séilər]	**lamp** [læmp]
bowl [boul]	**operation** [àpəréiʃən]	**photograph** [fóutəgræf]

떨어져서, 멀리, 저쪽에	선물, 재능을 주다	보호, 방지, 경호
조심스러운, 경계하는	과학자	양쪽의, 둘 다의
등불, 램프	선원, 뱃사람, 해군	저녁, 밤
사진, 사진을 찍다	조작, 작전, 수술	사발, 그릇

train

[trein]

chalk

[tʃɔːk]

item

[áitəm]

God

[gad]

daylight

kill

[kil]

garden

[gάːrdn]

law

[lɔː]

wonderful

[wΛndərfəl]

machinery

[məʃíːnəri]

blackboard

[blǽkbɔ̀ːrd]

fat

[fæt]

항목, 조항, 품목	분필	열차, 훈련하다
죽이다, 살해하다, 자살하다	낮, 밝음, 일광	신, 세상에
놀라운, 훌륭한	법, 법률, 법칙	뜰, 정원
살찐, 지방	칠판, 흑판	기계류, 기계, 장치

deep

[diːp]

lump

[lʌmp]

stone

[stoun]

study

[stʌdi]

across

[əkrɔ́ːs, əkrɑ́s]

below

[bilóu]

educate

[édʒukèit]

speed

[spiːd]

lovely

[lʌ́vli]

noisy

[nɔ́izi]

type

[taip]

humor

[hjúːmər]

돌, 석기의	덩어리, 혹, 종기	깊은, 깊게
~의 아래에	~ 전역에, ~을 가로질러	연구, 공부, 전공하다
사랑스러운	속도, 빠르게 하다	교육하다, 가르치다, 기르다
유머	유형, 견본	시끄러운, 소음의

☐ able	☐ cabbage	☐ dependent
☐ ache	☐ camping	☐ dirt
☐ across	☐ candle	☐ dive
☐ actual	☐ certainly	☐ educate
☐ advertisement	☐ chairman	☐ effective
☐ alarm	☐ chalk	☐ engine
☐ always	☐ cheek	☐ evening
☐ anybody	☐ chemist	☐ everywhere
☐ arm	☐ chiefly	☐ fan
☐ attraction	☐ chin	☐ fat
☐ away	☐ choice	☐ finger
☐ background	☐ comprehension	☐ full
☐ battery	☐ conductor	☐ funny
☐ beautiful	☐ cow	☐ garden
☐ below	☐ craze	☐ gift
☐ better	☐ cream	☐ god
☐ beyond	☐ cube	☐ greenhouse
☐ blackboard	☐ dance	☐ group
☐ both	☐ daylight	☐ hall
☐ bowl	☐ deep	☐ hole

- ☐ humor
- ☐ impression
- ☐ intelligent
- ☐ introduction
- ☐ invention
- ☐ iron
- ☐ item
- ☐ just
- ☐ kill
- ☐ lamp
- ☐ law
- ☐ lovely
- ☐ lump
- ☐ machinery
- ☐ meeting
- ☐ midnight
- ☐ natural
- ☐ noisy
- ☐ operation
- ☐ pair

- ☐ pay
- ☐ photograph
- ☐ poem
- ☐ pole
- ☐ pollute
- ☐ pond
- ☐ postcard
- ☐ prayer
- ☐ produce
- ☐ protection
- ☐ railroad
- ☐ rest
- ☐ ring
- ☐ sack
- ☐ sailor
- ☐ scientist
- ☐ side
- ☐ sketch
- ☐ snowstorm
- ☐ soap

- ☐ so called
- ☐ soft
- ☐ speed
- ☐ stone
- ☐ study
- ☐ succeed
- ☐ sudden
- ☐ sure
- ☐ tall
- ☐ task
- ☐ thrust
- ☐ train
- ☐ turkey
- ☐ type
- ☐ visit
- ☐ wall
- ☐ watchful
- ☐ wild
- ☐ wing
- ☐ wonderful

Level ★★★

MIN 41~60min
VOCA 481~720ea

although

[ɔːlðóu]

health

[helθ]

experience

[ikspíəriəns]

sink

[siŋk]

former

[fɔ́ːrmər]

condition

[kəndíʃən]

necessary

[nésəsèri]

share

[ʃɛər]

different

[dífərənt]

equipment

[ikwípmənt]

upset

[ʌpset]

extra

[ékstrə]

경험, 경험하다	건강, 보건, 건전	비록 ~ 일지라도
조건, 상태	이전의, 전자의	가라앉다, 침몰시키다, 싱크대
다른, 상이한	몫, 지분, 공유하다	필요한, 필수의
여분의, 특별한	화난, 당황, 기분 나쁜	장비, 설비

against

[əgénst, əgéinst]

hungry

[hʌŋgri]

lift

[lift]

several

[sévərəl]

climate

[kláimit]

athlete

[ǽθliːt]

flight

[flait]

dull

[dʌl]

suitcase

expend

[ikspénd]

exist

[igzíst]

anxious

[ǽŋkʃəs]

들어 올리다, 승강기	배고픈, 갈망하는, 기아의	~에 반하여, 대항하여
운동선수	기후, 분위기, 풍토	몇 개의, 몇 명의
여행 가방	무딘, 지루한, 둔한	비행, 항공편
걱정하는, 열망하는	존재하다, 있다	소비하다, 지출하다

prove [pru:v]	**flu** [flu:]	**rapid** [rǽpid]
reservation [rèzərvéiʃən]	**organization** [ɔ̀rgən-izéiʃən]	**acid** [ǽsid]
wonder [wʌndər]	**perform** [pərfɔ́:rm]	**element** [éləmənt]
definite [défənit]	**product** [prɑ́dʌkt]	**intention** [inténʃən]

신속한, 빠른	독감	입증하다, 밝혀지다
(신맛의) 산, 신	조직, 기구	보류, 예약
구성 요소, 원소	실행하다, 공연하다	경이, 의문을 갖다
의도, 의향, 취지	생산품, 결과	뚜렷한, 명확한

fact [fækt]	**nervous** [nə́:rvəs]	**permission** [pərmíʃən]
government [gʌ́vərnmənt]	**run** [rʌn]	**courage** [kə́:ridʒ]
entire [intáiər]	**director** [diréktər, dai–]	**forecast**
tale [teil]	**district** [dístrikt]	**coach** [koutʃ]

허가, 인가	긴장되는, 신경 쓰이는	사실, 실상
용기	달리다, 운영하다	정부, 통치, 정치
예보, 예상하다, 전망하다	지도자, 영화 감독	전체의
코치, 지도자, 대형 버스	지역, 지구	이야기

represent [rèprizént]	**beat** [biːt]	**track** [træk]
maintain [meintéin]	**stick** [stik]	**dig** [dig]
clerk [kləːrk]	**increase** [inkríːs]	**powder** [páudər]
sense [sens]	**shame** [ʃeim]	**hug** [hʌg]

흔적, 통로, 궤도

치다, 때리다,
물리치다

대표하다,
대변하다

땅을 파다,
발굴하다

막대기, 지팡이

유지하다,
주장하다

가루, 분말

증가하다, 늘리다

사무원, 점원

껴안다, 포옹하다

부끄럼, 수치,
안타깝다

감각, 분별력

46
min

capital

[kǽpətl]

rinse

[rins]

ability

[əbíləti]

native

[néitiv]

stress

[stres]

conflict

[kənflíkt]

afraid

[əfréid]

loose

[luːs]

greet

[griːt]

terrible

[térəbl]

alike

[əláik]

particular

[pərtíkjulər]

능력	헹구다, 씻어내다	수도, 대문자, 주요한
투쟁, 충돌	압박, 긴장, 강조하다	출생의, 원주민의, 원주민
인사하다, 맞이하다	느슨한, 헐거운, 풀다	두려워하는
특정한, 특별한	똑같은, 똑같이	무시무시한, 대단한

journal

[dʒə́:rnl]

polite

[pəláit]

exhibit

[igzíbit]

ordinary

[ɔ́:rdənèri]

outlook

political

[pəlítikəl]

compare

[kəmpéər]

campaign

[kæmpéin]

clay

[klei]

matter

[mǽtər]

neglect

[niglékt]

aid

[eid]

전시하다, 나타내다	예의 바른, 정중한	신문, 잡지, 일지
정치의, 정당의	전망, 예측	보통의, 평범한
점토, 찰흙	선거유세, 운동, 캠페인	비교하다, 비유하다
돕다, 원조	무시하다, 소홀히 하다	문제, 물질, 문제가 되다

rule

[ruːl]

excuse

[ikskjúːz]

secret

[síːkrit]

peak

[piːk]

admire

[ædmáiər]

traffic

[trǽfik]

depend

[dipénd]

quality

[kwάləti]

lack

[læk]

somewhat

[sʌ́mhwʌt, –hwὰt]

plenty

[plénti]

trade

[treid]

은밀한, 비밀의	용서하다, 변명, 핑계	규정, 통치, 통치하다
교통, 인터넷 접속량	존경하다, 감탄하다	산꼭대기, 최고점
결핍, 부족하다	품질, 양질의, 고급의	~에 의존하다
무역, 거래	다량, 풍부	얼마간, 다소

chaos

[kéias]

asleep

[əslíːp]

whether

[hwéðər]

favorable

[féivərəbl]

labor

[léibər]

essay

[ései]

industry

[índəstri]

survive

[sərváiv]

wet

[wet]

toward

[tɔːrd | təwɔːrd]

myth

[miθ]

effect

[ifékt]

~인지 아닌지	잠들어, 조는	혼돈, 무질서
수필, 작문	노동, 수고하다	호의적인, 유리한
젖은, 축축한	살아남다, 생존하다	산업, 업계, 공업
결과, 영향	신화, 미신	~쪽으로, 무렵

familiar [fəmíljər]	**impress** [imprés]	**upstairs** [ʌpstéərz]
degree [digrí:]	**tragedy** [trǽdʒədi]	**fair** [fɛər]
competition [kàmpətíʃən]	**measure** [méʒər]	**curious** [kjúəriəs]
recycle [ri:sáikl]	**fault** [fɔ:lt]	**envelope** [énvəlòup]

위층으로	인상, 감명을 주다	친숙한, 잘 아는
공정한, 박람회	비극, 참사, 재난	정도, 각도, 온도
호기심이 있는	치수, 재다, 측정하다	경쟁, 시합
봉투, 싸개	잘못, 결점	재활용하다, 재생하다

☐ ability	☐ competition	☐ exhibit
☐ acid	☐ condition	☐ exist
☐ admire	☐ conflict	☐ expend
☐ afraid	☐ courage	☐ experience
☐ against	☐ curious	☐ extra
☐ aid	☐ definite	☐ fact
☐ alike	☐ degree	☐ fair
☐ although	☐ depend	☐ familiar
☐ anxious	☐ different	☐ fault
☐ asleep	☐ dig	☐ favorable
☐ athlete	☐ director	☐ flight
☐ beat	☐ district	☐ flu
☐ campaign	☐ dull	☐ forecast
☐ capital	☐ effect	☐ former
☐ chaos	☐ element	☐ government
☐ clay	☐ entire	☐ greet
☐ clerk	☐ envelope	☐ health
☐ climate	☐ equipment	☐ hug
☐ coach	☐ essay	☐ hungry
☐ compare	☐ excuse	☐ impress

- ☐ increase
- ☐ industry
- ☐ intention
- ☐ journal
- ☐ labor
- ☐ lack
- ☐ lift
- ☐ loose
- ☐ maintain
- ☐ matter
- ☐ measure
- ☐ myth
- ☐ native
- ☐ necessary
- ☐ neglect
- ☐ nervous
- ☐ ordinary
- ☐ organization
- ☐ outlook
- ☐ particular

- ☐ peak
- ☐ perform
- ☐ permission
- ☐ plenty
- ☐ polite
- ☐ political
- ☐ powder
- ☐ product
- ☐ prove
- ☐ quality
- ☐ rapid
- ☐ recycle
- ☐ represent
- ☐ reservation
- ☐ rinse
- ☐ rule
- ☐ run
- ☐ secret
- ☐ sense
- ☐ several

- ☐ shame
- ☐ share
- ☐ sink
- ☐ somewhat
- ☐ stick
- ☐ stress
- ☐ suitcase
- ☐ survive
- ☐ tale
- ☐ terrible
- ☐ toward
- ☐ track
- ☐ trade
- ☐ traffic
- ☐ tragedy
- ☐ upset
- ☐ upstairs
- ☐ wet
- ☐ whether
- ☐ wonder

tomb [tu:m]	**result** [rizʌlt]	**spot** [spat]
perhaps [pərhǽps]	**tool** [tu:l]	**pretty** [príti]
urgent [ə́:rdʒənt]	**message** [mésidʒ]	**settle** [sétl]
observe [əbzə́:rv]	**agency** [éidʒənsi]	**advantage** [ædvǽntidʒ]

장소, 점, 관광지	결과, 초래하다	무덤
예쁜, 꽤	도구, 연장, 수단	아마도
정착하다, 진정시키다	메모, 전갈, 교훈	긴급한, 위급한
이점, 유리	대리점, 대행	관찰하다, 규칙을 지키다

cooperation

[kouàpəréiʃən]

fantastic

[fæntǽstik]

confident

[kὰnfədənt]

crowd

[kraud]

physicist

[fízisist]

nearby

[nìərbái]

unless

[ənlés]

intelligence

[intélədʒəns]

whole

[houl]

glory

[glɔ́ːri]

habitat

[hǽbitæt]

prefer

[prifə́ːr]

확신하는, 자신 있는	환상적인, 멋진	협력, 협조, 교류
부근의, 가까이에서	물리학자	군중, 붐비다
전부의, 완전한	지능, 지성, 정보	~하지 않는다면
좋아하다, 선호하다	서식지	영광, 영예, 기뻐하다

force [fɔːrs]	**cheap** [tʃiːp]	**executive** [igzékjutiv]
bind [baind]	**cough** [kɔːf]	**avenue** [ǽvənjùː]
limit [límit]	**furthermore** [fə́ːrðərmɔ̀ːr]	**unique** [juːníːk]
hydrogen [háidrədʒən]	**traditional** [trədíʃənl]	**culture** [kʌltʃər]

중역, 행정부, 실행의	값싼, 싸구려의	군대, 힘, 강요하다
거리, 도로	기침, 기침하다	묶다, 구속하다
유일한, 독특한	더욱이, 게다가	한계, 제한하다
문화, 문명	전통의, 전통적인	수소

modern

[mɑ́dərn]

economic

[èkənɑ́mik, ìːkə−]

shelter

[ʃéltər]

guess

[ges]

moreover

[mɔːróuvər]

article

[ɑ́ːrtikl]

achieve

[ətʃíːv]

comfortable

[kʌ́mfərtəbl]

solve

[salv]

worry

[wə́ːri]

refuse

[rifjúːz]

predict

[pridíkt]

피난처, 숨기다	경제의, 경제학의	현대의
기사, 품목, 조항	더욱이, 게다가	추측하다, 추측
해결하다, 풀다	편안한	이루다, 성취하다
예상하다, 전망하다	거절하다	걱정, 걱정하다

calm

[ka:m]

description

[diskrípʃən]

deal

[di:l]

physical

[fízikəl]

purpose

[pə́:rpəs]

mention

[ménʃən]

busy

[bízi]

wealth

[welθ]

aware

[əwéər]

academic

[æ̀kədémik]

disagree

[dìsəgrí:]

adult

[ədʌ́lt, ǽdʌlt]

다루다, 거래하다	묘사, 서술	고요한, 평온한 , 진정시키다
언급하다, 말하다	목적, 의지, 용도, 의도	육체의, 물질의, 물리적인
의식하는, 알아차린	부, 재산	바쁜, 분주한, 통화 중인
성인, 어른	반대하다	학원의, 대학의, 학구적인

snail

[sneil]

mark

[maːrk]

ancient

[éinʃənt]

pollution

[pəlúːʃən]

emotion

[imóuʃən]

congress

[kάŋgris | kɔ́ŋgres]

harm

[haːrm]

argue

[άːrgjuː]

shape

[ʃeip]

bark

[baːrk]

cause

[kɔːz]

divide

[diváid]

고대의

점수, 표시,
표시하다

달팽이,
우편으로 보내다

국회, 의회, 대회

감정, 감동

오염, 공해

형상,
모양을 만들다

논쟁하다,
주장하다

손해, 해를 입히다

나누다, 가르다

원인, 명분,
초래하다

짖다, 나머 껍질,
헛다리 짚다

worldwide	wrap [ræp]	still [stil]
bronze [branz]	exact [igzǽkt]	grind [graind]
temperature [témpərətʃər]	steal [stiːl]	geography [dʒiɑ́grəfi]
attractive [ətrǽktiv]	buzz [bʌz]	spirit [spírit]

정지한, 아직도, 여전히	감싸다, 포장하다	세계적인
빻다, 갈다	정확한, 강요하다, 정밀한	청동, 동상
지리, 지리학	물건을 훔치다, 도루	온도, 체온
정신, 신령, 활기	윙윙거리다, 열광, 소문	매력적인, 관심을 끄는

discover [diskʌvər]	**lean** [liːn]	**absolutely** [æbsəlúːtli]
indeed [indíːd]	**honor** [ɑ́nər]	**course** [kɔːrs]
state [steit]	**awful** [ɔ́ːfəl]	**fable** [féibl]
protect [prətékt]	**shut** [ʃʌt]	**lead** [liːd]

절대적으로

기대다, 성향, 숙이다

발견하다, 깨닫다

과정, 진행, 강의

영광, 명예를 주다

실제로, 사실은

우화, 교훈적인 이야기

두려운, 굉장한

상태, 국가, 진술하다

이끌다, 지도하다

닫다, 폐쇄하다

보호하다

straw	mind	expression
[strɔː]	[maind]	[ikspréʃən]

origin	exercise	trouble
[ɔ́ːrədʒin, ɑ́r–]	[éksərsàiz]	[trʌbl]

upper	elsewhere	proud
[ʌ́pər]	[élshwèər]	[praud]

generation	pea	cashier
[dʒènəréiʃən]	[piː]	[kæʃíər]

표현, 말씨

마음, 꺼리다,
명심하다

지푸라기, 빨대,
사소한

분란, 고생

운동하다,
연습 문제

기원, 발단

거만한,
자랑스러운

다른 곳에서

위쪽의, 상류의

출납원, 회계원

완두콩, 콩알만한

세대, 시대

consist

[kənsíst]

carpenter

[kάːrpəntər]

bow

[bau]

host

[houst]

apt

[æpt]

ambition

[æmbíʃən]

holiday

[hάlədèi]

elderly

[éldərli]

honest

[άnist]

resource

[ríːsɔːrs]

prepare

[pripéər]

official

[əfíʃəl]

절, 인사하다,
굴복하다

목수, 목공

구성되다,
이루어지다

야심, 야망

~하기 쉬운,
적절한

주인, 진행자,
개최하다

정직한, 성실한

노인층,
나이 지긋한,
중년이 지난

휴일, 휴가,
명절, 축제일

관계자,
공식적인, 공무의

준비하다,
대비하다

자원, 수단

- ☐ absolutely
- ☐ academic
- ☐ achieve
- ☐ adult
- ☐ advantage
- ☐ agency
- ☐ ambition
- ☐ ancient
- ☐ apt
- ☐ argue
- ☐ article
- ☐ attractive
- ☐ avenue
- ☐ aware
- ☐ awful
- ☐ bark
- ☐ bind
- ☐ bow
- ☐ bronze
- ☐ busy

- ☐ buzz
- ☐ calm
- ☐ carpenter
- ☐ cashier
- ☐ cause
- ☐ cheap
- ☐ comfortable
- ☐ confident
- ☐ congress
- ☐ consist
- ☐ cooperation
- ☐ cough
- ☐ course
- ☐ crowd
- ☐ culture
- ☐ deal
- ☐ description
- ☐ disagree
- ☐ discover
- ☐ divide

- ☐ economic
- ☐ elderly
- ☐ elsewhere
- ☐ emotion
- ☐ exact
- ☐ executive
- ☐ exercise
- ☐ expression
- ☐ fable
- ☐ fantastic
- ☐ force
- ☐ furthermore
- ☐ generation
- ☐ geography
- ☐ glory
- ☐ grind
- ☐ guess
- ☐ habitat
- ☐ harm
- ☐ holiday

- ☐ honest
- ☐ honor
- ☐ host
- ☐ hydrogen
- ☐ indeed
- ☐ intelligence
- ☐ lead
- ☐ lean
- ☐ limit
- ☐ mark
- ☐ mention
- ☐ message
- ☐ mind
- ☐ modern
- ☐ moreover
- ☐ nearby
- ☐ observe
- ☐ official
- ☐ origin
- ☐ pea

- ☐ perhaps
- ☐ physical
- ☐ physicist
- ☐ pollution
- ☐ predict
- ☐ prefer
- ☐ prepare
- ☐ pretty
- ☐ protect
- ☐ proud
- ☐ purpose
- ☐ refuse
- ☐ resource
- ☐ result
- ☐ settle
- ☐ shape
- ☐ shelter
- ☐ shut
- ☐ snail
- ☐ solve

- ☐ spirit
- ☐ spot
- ☐ state
- ☐ steal
- ☐ still
- ☐ straw
- ☐ temperature
- ☐ tomb
- ☐ tool
- ☐ traditional
- ☐ trouble
- ☐ unique
- ☐ unless
- ☐ upper
- ☐ urgent
- ☐ wealth
- ☐ whole
- ☐ worldwide
- ☐ worry
- ☐ wrap

60min

REVIEW 720

AB

- [ ] ability
- [ ] able
- [ ] absolute
- [ ] absolutely
- [ ] academic
- [ ] ache
- [ ] achieve
- [ ] acid
- [ ] across
- [ ] action
- [ ] actual
- [ ] admire
- [ ] adult
- [ ] advantage
- [ ] advertisement
- [ ] afraid
- [ ] against
- [ ] agency
- [ ] aid

- [ ] air
- [ ] airplane
- [ ] alarm
- [ ] alike
- [ ] all right
- [ ] almond
- [ ] also
- [ ] although
- [ ] always
- [ ] ambition
- [ ] ancient
- [ ] another
- [ ] ant
- [ ] anxious
- [ ] any
- [ ] anybody
- [ ] anymore
- [ ] anyone
- [ ] April
- [ ] apt
- [ ] area
- [ ] argue

- [ ] arm
- [ ] article
- [ ] asleep
- [ ] ass
- [ ] athlete
- [ ] attraction
- [ ] attractive
- [ ] August
- [ ] auto
- [ ] automobile
- [ ] avenue
- [ ] aware
- [ ] away
- [ ] awful
- [ ] babysit
- [ ] back
- [ ] background
- [ ] backside
- [ ] backyard
- [ ] bacon
- [ ] bag
- [ ] baker

BC

- [ ] ball
- [ ] banana
- [ ] barber
- [ ] bark
- [ ] basics
- [ ] basketball
- [ ] bat
- [ ] battery
- [ ] beat
- [ ] beautiful
- [ ] bed
- [ ] bee
- [ ] beef
- [ ] beggar
- [ ] bell
- [ ] belong
- [ ] below
- [ ] bench
- [ ] best
- [ ] better
- [ ] beyond
- [ ] Bible
- [ ] bike
- [ ] biker
- [ ] bind
- [ ] bird
- [ ] blackboard
- [ ] boiler
- [ ] bonfire
- [ ] booking
- [ ] bookstore
- [ ] both
- [ ] bow
- [ ] bowl
- [ ] boxer
- [ ] bracelet
- [ ] bravo
- [ ] bronze
- [ ] brother
- [ ] brow
- [ ] Buddha
- [ ] bunny
- [ ] busy
- [ ] butter
- [ ] button
- [ ] buzz
- [ ] cabbage
- [ ] cafe
- [ ] calm
- [ ] camera
- [ ] camp
- [ ] campaign
- [ ] camping
- [ ] candle
- [ ] capital
- [ ] caramel
- [ ] carpenter
- [ ] cashier
- [ ] cause
- [ ] certainly
- [ ] chairman
- [ ] chalk
- [ ] chaos

CD

- [ ] cheap
- [ ] cheek
- [ ] cheese
- [ ] chemist
- [ ] chicken
- [ ] chiefly
- [ ] chilli
- [ ] chin
- [ ] choice
- [ ] chopstick
- [ ] Christ
- [ ] Christmas
- [ ] church
- [ ] cider
- [ ] class
- [ ] classmate
- [ ] clay
- [ ] clean-up
- [ ] clerk

- [ ] climate
- [ ] clockwork
- [ ] coach
- [ ] coat
- [ ] coating
- [ ] cobra
- [ ] cocoa
- [ ] combine
- [ ] comfortable
- [ ] comic
- [ ] commander
- [ ] compare
- [ ] competition
- [ ] comprehen-
- [ ] sion
- [ ] conclude
- [ ] condition
- [ ] conductor
- [ ] confident
- [ ] conflict
- [ ] congratulation
- [ ] congress

- [ ] consist
- [ ] cooperation
- [ ] corner
- [ ] cotton
- [ ] cough
- [ ] could
- [ ] courage
- [ ] course
- [ ] cousin
- [ ] cow
- [ ] coyote
- [ ] craze
- [ ] cream
- [ ] cricket
- [ ] crowd
- [ ] cube
- [ ] cuckoo
- [ ] culture
- [ ] curious
- [ ] dance
- [ ] data
- [ ] date

DE

- [ ] daylight
- [ ] deal
- [ ] December
- [ ] decide
- [ ] deep
- [ ] definite
- [ ] degree
- [ ] depend
- [ ] dependent
- [ ] description
- [ ] desk
- [ ] different
- [ ] dig
- [ ] director
- [ ] dirt
- [ ] disagree
- [ ] discover
- [ ] district
- [ ] dive

- [ ] divide
- [ ] dog
- [ ] doll
- [ ] doubtful
- [ ] doughnut
- [ ] downhill
- [ ] downstairs
- [ ] dress
- [ ] driver
- [ ] driving
- [ ] dryer
- [ ] duke
- [ ] dull
- [ ] during
- [ ] each
- [ ] earache
- [ ] easygoing
- [ ] eating
- [ ] economic
- [ ] educate
- [ ] effect
- [ ] effective

- [ ] egg
- [ ] elderly
- [ ] election
- [ ] element
- [ ] elf
- [ ] else
- [ ] elsewhere
- [ ] emotion
- [ ] energy
- [ ] engine
- [ ] entire
- [ ] envelope
- [ ] equip
- [ ] equipment
- [ ] essay
- [ ] eve
- [ ] evening
- [ ] everyone
- [ ] everywhere
- [ ] exact
- [ ] examination
- [ ] excite

EG

- ☐ excuse
- ☐ executive
- ☐ exercise
- ☐ exhibit
- ☐ exist
- ☐ expend
- ☐ experience
- ☐ expression
- ☐ extra
- ☐ eyeglasses
- ☐ fable
- ☐ fact
- ☐ fair
- ☐ fairly
- ☐ fall
- ☐ familiar
- ☐ fan
- ☐ fantastic
- ☐ far

- ☐ farm
- ☐ farming
- ☐ fat
- ☐ fault
- ☐ favorable
- ☐ February
- ☐ few
- ☐ finger
- ☐ fireman
- ☐ first
- ☐ first aid
- ☐ first name
- ☐ flight
- ☐ flu
- ☐ fly
- ☐ fog
- ☐ force
- ☐ forecast
- ☐ fork
- ☐ former
- ☐ fortnight
- ☐ full

- ☐ fun
- ☐ funny
- ☐ furthermore
- ☐ garden
- ☐ gas
- ☐ generation
- ☐ gentleman
- ☐ geography
- ☐ giant
- ☐ gift
- ☐ giraffe
- ☐ girl
- ☐ girlfriend
- ☐ glory
- ☐ god
- ☐ good-na-
- ☐ tured
- ☐ good-night
- ☐ goose
- ☐ government
- ☐ grammar
- ☐ great

GJ

- [ ] greenhouse
- [ ] greet
- [ ] grind
- [ ] group
- [ ] guess
- [ ] habitat
- [ ] hairstyle
- [ ] half
- [ ] hall
- [ ] handbag
- [ ] handkerchief
- [ ] hanging
- [ ] harm
- [ ] harmful
- [ ] hat
- [ ] header
- [ ] health
- [ ] helicopter
- [ ] helper

- [ ] hen
- [ ] hero
- [ ] hesitant
- [ ] high
- [ ] highway
- [ ] hill
- [ ] hippo
- [ ] hole
- [ ] holiday
- [ ] home
- [ ] honest
- [ ] honey
- [ ] honor
- [ ] horse
- [ ] host
- [ ] hotline
- [ ] hour
- [ ] house
- [ ] hug
- [ ] humor
- [ ] hungry
- [ ] hurdle

- [ ] husband
- [ ] hut
- [ ] hydrogen
- [ ] impress
- [ ] impression
- [ ] increase
- [ ] indeed
- [ ] industry
- [ ] ink
- [ ] intelligence
- [ ] intelligent
- [ ] intention
- [ ] introduction
- [ ] invention
- [ ] ion
- [ ] iron
- [ ] item
- [ ] jab
- [ ] January
- [ ] jelly
- [ ] joke
- [ ] joker

JM

- [ ] journal
- [ ] July
- [ ] June
- [ ] just
- [ ] kangaroo
- [ ] kill
- [ ] kiss
- [ ] kite
- [ ] koala
- [ ] lab
- [ ] labor
- [ ] lack
- [ ] lad
- [ ] lamp
- [ ] law
- [ ] lead
- [ ] lean
- [ ] lecture
- [ ] leg

- [ ] lemon
- [ ] lift
- [ ] limit
- [ ] lip
- [ ] living
- [ ] lobster
- [ ] loose
- [ ] love
- [ ] lovely
- [ ] low
- [ ] lucky
- [ ] lump
- [ ] machinery
- [ ] madam
- [ ] maid
- [ ] maintain
- [ ] majority
- [ ] manager
- [ ] mankind
- [ ] March
- [ ] mark
- [ ] mat

- [ ] matching
- [ ] matter
- [ ] May
- [ ] maybe
- [ ] measure
- [ ] medal
- [ ] medium
- [ ] meeting
- [ ] mention
- [ ] meow
- [ ] mermaid
- [ ] message
- [ ] midnight
- [ ] mind
- [ ] mink
- [ ] mixer
- [ ] modern
- [ ] moon
- [ ] moreover
- [ ] motherland
- [ ] motor
- [ ] mud

MP

- [ ] myself
- [ ] myth
- [ ] nail
- [ ] napkin
- [ ] native
- [ ] natural
- [ ] nearby
- [ ] necessary
- [ ] neglect
- [ ] nervous
- [ ] neuron
- [ ] never
- [ ] noisy
- [ ] noon
- [ ] north
- [ ] November
- [ ] now
- [ ] observe
- [ ] October

- [ ] official
- [ ] often
- [ ] once
- [ ] onion
- [ ] operation
- [ ] ordinary
- [ ] organization
- [ ] origin
- [ ] other
- [ ] out
- [ ] outlook
- [ ] owner
- [ ] ox
- [ ] package
- [ ] paint
- [ ] pair
- [ ] panther
- [ ] particular
- [ ] pasta
- [ ] pat
- [ ] pay
- [ ] pea

- [ ] peak
- [ ] pee
- [ ] perform
- [ ] perhaps
- [ ] permission
- [ ] photograph
- [ ] physical
- [ ] physicist
- [ ] piano
- [ ] picket
- [ ] picnic
- [ ] pigeon
- [ ] pillow
- [ ] pizza
- [ ] please
- [ ] plenty
- [ ] pod
- [ ] poem
- [ ] pole
- [ ] polite
- [ ] political
- [ ] pollute

PS

- ☐ pollution
- ☐ pond
- ☐ poor
- ☐ postcard
- ☐ potato
- ☐ powder
- ☐ powerful
- ☐ prayer
- ☐ predict
- ☐ prefer
- ☐ prepare
- ☐ pretty
- ☐ produce
- ☐ product
- ☐ promotion
- ☐ protect
- ☐ protection
- ☐ proud
- ☐ prove

- ☐ province
- ☐ publication
- ☐ pup
- ☐ purpose
- ☐ put
- ☐ quality
- ☐ queen
- ☐ railroad
- ☐ rapid
- ☐ rather
- ☐ real
- ☐ recently
- ☐ recorder
- ☐ recycle
- ☐ reflex
- ☐ refuse
- ☐ represent
- ☐ request
- ☐ reservation
- ☐ resource
- ☐ rest
- ☐ restaurant

- ☐ result
- ☐ rich
- ☐ ring
- ☐ rinse
- ☐ rise
- ☐ roll
- ☐ root
- ☐ rucksack
- ☐ rule
- ☐ run
- ☐ sack
- ☐ sailor
- ☐ satisfactory
- ☐ scientist
- ☐ screw
- ☐ second
- ☐ secret
- ☐ sedan
- ☐ seesaw
- ☐ sense
- ☐ September
- ☐ settle

S

- [ ] several
- [ ] sex
- [ ] shame
- [ ] shampoo
- [ ] shape
- [ ] share
- [ ] shelter
- [ ] shiny
- [ ] shop
- [ ] shoulder
- [ ] showroom
- [ ] shut
- [ ] side
- [ ] since
- [ ] sink
- [ ] skate
- [ ] sketch
- [ ] skunk
- [ ] skyline

- [ ] sledge
- [ ] snail
- [ ] snowball
- [ ] snowman
- [ ] snowstorm
- [ ] snuff
- [ ] soap
- [ ] so-called
- [ ] soccer
- [ ] sofa
- [ ] soft
- [ ] solve
- [ ] some
- [ ] someone
- [ ] somewhat
- [ ] soup
- [ ] south
- [ ] speaking
- [ ] speed
- [ ] spirit
- [ ] sports
- [ ] sportsman

- [ ] spot
- [ ] squid
- [ ] stamp
- [ ] state
- [ ] steal
- [ ] stick
- [ ] sticky
- [ ] still
- [ ] stone
- [ ] stoplight
- [ ] stove
- [ ] straw
- [ ] strawberry
- [ ] stress
- [ ] study
- [ ] stump
- [ ] suburb
- [ ] succeed
- [ ] such
- [ ] sudden
- [ ] suggestion
- [ ] suitcase

SW

- [ ] supporter
- [ ] sure
- [ ] survive
- [ ] swollen
- [ ] tale
- [ ] tall
- [ ] tank
- [ ] task
- [ ] temperature
- [ ] tent
- [ ] terrible
- [ ] thing
- [ ] third
- [ ] thrust
- [ ] tiger
- [ ] tile
- [ ] time
- [ ] tiptoe
- [ ] tire

- [ ] tobacco
- [ ] today
- [ ] tomb
- [ ] tool
- [ ] toolbox
- [ ] top
- [ ] tortoise
- [ ] toward
- [ ] track
- [ ] trade
- [ ] tradition
- [ ] traditional
- [ ] traffic
- [ ] tragedy
- [ ] train
- [ ] trouble
- [ ] troublemaker
- [ ] truck
- [ ] try
- [ ] tube
- [ ] tuna
- [ ] turkey

- [ ] twice
- [ ] type
- [ ] UN
- [ ] underground
- [ ] unique
- [ ] unit
- [ ] unless
- [ ] unusual
- [ ] upper
- [ ] upset
- [ ] upstairs
- [ ] upward
- [ ] urgent
- [ ] usually
- [ ] very
- [ ] visit
- [ ] volleyball
- [ ] walker
- [ ] wall
- [ ] wallpaper
- [ ] waltz
- [ ] warship

WYz

- [ ] washer
- [ ] watchdog
- [ ] watchful
- [ ] wave
- [ ] way
- [ ] wealth
- [ ] week
- [ ] west
- [ ] wet
- [ ] whether
- [ ] which
- [ ] whole
- [ ] wild
- [ ] wine
- [ ] wing
- [ ] winter
- [ ] wise
- [ ] wizard
- [ ] woman

- [ ] wonder
- [ ] wonderful
- [ ] world
- [ ] worldwide
- [ ] worry
- [ ] would
- [ ] wrap
- [ ] yacht
- [ ] yoga
- [ ] yolk